EXAMEN IMPARTIAL

D'UN ARTICLE

EXTRAIT DE LA BROCHURE INTITULÉE:

APERÇUS HISTORIQUES,

SAISIE ET ENVOYÉE DEVANT LA COUR D'ASSISES

DE PARIS.

Par M. FORNEROD DES ABBESSES,

de l'Académie des Bêtes.

Iratus de re incertâ contendere noli.
Impedit ira animum.

Aux Archives de l'Académie des Bêtes,
chez le *Naufragé* Corréard, au Palais Royal, et
chez les principaux Marchands de Bêtises, à Paris
et dans les Départemens.

d

27 MAI 1820.

On trouve, aux *Archives de l'Académie des Bêtes.*, parmi les brochures les plus récentes :

Histoire, Organisation, Constitution et Statuts de l'Académie des Bêtes, par M. Reymondin de Bex, Secrétaire perpétuel. Prix, 80 centimes.

Pétitions de M. Madier de Montjau *à la Chambre des Députés*. Prix de la première, 1 franc ; de la seconde, 1 fr. 50 c.

A bas la Discussion ! Discours sur les inconvéniens de la logique et les dangers du sens commun, par le baron de la Clôture, de l'Académie des Bêtes. Prix, 60 c.

De la Police Moderne, par M. Favre de Constance, de l'Académie des Bêtes. Prix, 60 c.
Session de 1819 (2 vol. *in-8.°*) Prix, 14 francs.

LETTRE *du Secrétaire perpétuel de l'Académie des Bêtes*,

A Monsieur FORNEROD DES ABBESSES.

Je vous renvoie, mon cher confrère, le petit ouvrage que vous m'avez fait passer, et que vous désirez faire imprimer sous le nom de l'Académie; plusieurs raisons s'y opposent pour le moment. Le réglement a décidé que l'Académie n'imprimerait rien; et ce serait y déroger, que d'attacher son nom à l'ouvrage d'un de ses membres. Cette faveur, d'ailleurs, serait réclamée par d'autres, à qui on ne pourrait pas la refuser sans les offenser. Au reste, je vous préviens que, d'après les ordres du Grand Maître, j'ai convoqué un Grand Conseil pour lui soumettre quelques changemens à nos lois, que plusieurs confrères trouvent trop favorables aux petites bêtes, et qui ont d'ailleurs l'inconvénient d'exister depuis près de quinze jours; mais le procès pour lequel vous paraissez vouloir fournir un mémoire consultatif, pouvant être appelé avant cette réunion, je ne crois pas devoir en retarder davantage la publication.

Si vous me permettez, cher confrère, de vous dire franchement mon avis, je vous avouerai que votre écrit m'a paru sortir du genre que l'Académie a cru devoir adopter. Vos raisonnemens sont forts, vos principes sains, et vos conséquences bien déduites ; mais bien que, conformément à nos statuts, vous ne parliez de nos ministres qu'avec tous les égards qui leur sont dus, le sens de certaines phrases pourrait présenter l'idée de l'ironie à ceux qui ne connaissent pas assez la manière franche et loyale des bêtes.

Telle est mon opinion particulière. Cela ne m'empêche pas d'approuver le fond de votre mémoire ; mais mon opinion ne suffit pas pour faire préjuger l'approbation de l'Académie. Je ne suis qu'une bête, et vous savez qu'il en faut vingt et une pour faire un conseil.

Je vous salue de cœur,

REYMONDIN DE BEX.

26 mai 1820.

EXAMEN IMPARTIAL

D'UN ARTICLE

EXTRAIT D'UNE BROCHURE INTITULÉE:

APERÇUS HISTORIQUES,

SAISIE ET ENVOYÉE DEVANT LA COUR D'ASSISES DE PARIS.

~~~~~~~~~

La saisie d'un ouvrage et la mise en jugement de son auteur sont deux grands actes de la police nationale.

Si les magistrats qui l'ordonnent, sont les impassibles organes des lois; si, étrangers aux obscures machinations de la malveillance et du despotisme, ils savent se tenir à cette hauteur qui appartient à leur ministère et d'où ils doivent protéger indifféremment tous les membres de la société, la saisie qu'ils ordonnent d'un ouvrage ou de l'auteur, forme déjà, contre l'un et l'autre, une prévention bien fâcheuse.

La société que doivent effrayer les actes fréquens de cette police surveillante, n'a rien de plus pressé, ne connaît rien de plus urgent que de juger elle-même le péril qu'elle a couru. L'examen auquel elle se livre sur le degré et l'imminence de ce danger,
~~~~~~~~~

est immédiatement suivi des témoignages solennels de gratitude qu'elle dispense aux dignes citoyens qui ont su l'en garantir.

Mais si, accourus au cri de la sentinelle chargée d'avertir des désordres, les citoyens s'apercevaient qu'on leur a donné une fausse allarme, la prévention dont nous venons de parler, deviendrait bien autrement fâcheuse ; parce qu'au lieu de peser, comme dans le premier cas, sur un simple individu, elle éléverait, sur la sentinelle elle-même, des nuages très-préjudiciables à la confiance et à la considération dont elle a besoin.

Si, non content de reconnaître dans un magistrat les torts d'un zèle inconsidéré, on croyait voir de l'indiscrétion dans sa conduite et de la malveillance dans ses attaques ; si on pouvait le soupçonner d'attendre, de provoquer même d'ailleurs, une direction qu'il ne doit recevoir que de sa conscience et de la loi, la société qui avait fondé sa sécurité sur les grandes qualités qu'exige l'exercice du ministère public, se trouverait singulièrement tourmentée, ayant à-la-fois à se garder, et des manœuvres des individus contre elle, et des manœuvres que l'on formerait en son nom contre les individus qui la composent et qu'elle doit protéger.

Les attentats des auteurs et les prévarications de messieurs les procureurs du roi sont ordinairement plus rares que les partis ne se le figurent ; mais les erreurs des uns et des autres n'en ont pas moins des conséquences très-fâcheuses. Aider ceux qui se sont trompés à rentrer dans la voie de la justice , doit être l'office de quiconque n'est pas aveuglé par la passion. Le désir de ne trouver que des erreurs, soit dans l'article signalé par l'autorité judiciaire, extrait de la brochure appelée *Aperçus historiques*, soit dans l'acte qui en ordonne la saisie et le jugement par le tribunal criminel , nous a portés à examiner cet écrit avec tout le sang-froid dont nous sommes capables ; nous l'avons médité, sans haine comme sans complaisance, ni pour l'auteur, ni pour M. le procureur-général ; et nous pensons que cet examen peut ramener à des principes dont on s'écarte trop ; parce qu'en méconnaissant trop les droits des citoyens, on s'exagère aussi trop souvent ceux de l'autorité, qui sont nécessairement bornés par la *charte*, les lois et la conscience publique.

L'auteur de l'écrit accusé avance trois choses :

1.º *que la* résistance à l'oppression *est un* DROIT.

2.º *qu'il y a actuellement* oppression *de la Nation par les Ministres.*

3.º *qu'il est urgent de faire une loi qui puisse* constater *s'il y a en effet* oppression *, et qui détermine comment on y résistera , après qu'elle sera constatée.*

Le procureur-général a vu , dans l'ensemble de

l'article et jusques dans tous ses détails (puisque l'écrit presqu'entier est souligné), une provocation à l'insurrection ; et c'est sous ce rapport que l'ouvrage et l'auteur doivent être traduits à la cour d'assises de Paris.

Ce que nous devons à la vérité, nous oblige d'abord à convenir que l'écrit que nous examinons, n'est rien moins que favorable au ministère et qu'il n'est pas tracé par une main amie ; nous avons lieu de croire, d'autre part, d'après la manière dont les ministres se sont exprimés, soit à la tribune, soit dans plusieurs de leurs circulaires, que ces messieurs ne sont pas non plus, autrement amis de ceux qui se trouvent du parti de l'écrivain. Mais comme l'amitié entre les gouvernans et les gouvernés s'accorde, se mérite et ne se commande pas, nous pensons que cet article pourrait être, dès ce moment, considéré comme liquidé entre les parties ; et nous nous bornerons à attendre, du temps et des circonstances, les moyens de rapprochement que chacun doit désirer.

Quant au DROIT de *résistance à l'oppression*, sur lequel nous n'avons rien à dire pour notre compte, n'étant, grâce à Dieu, et quant à présent, ni *oppresseurs* ni *opprimés*, nous sommes pourtant obligés de reconnaître en conscience, que l'auteur a droit de penser autrement que nous : nous ne devons donc nous occuper ici que de la manière dont il établit ce principe.

D'abord, il prétend que ce DROIT *est gravé dans le cœur de tous les hommes* : c'est un point facile à vérifier et qui peut se mettre aux voix. On peut dire, par exemple : *Que ceux qui aiment à être op- primés, se lèvent.* Nous osons présumer que la ques- tion ainsi posée n'excitera pas d'insurrection, et que chacun restera tranquille. Mais la contre - épreuve pourrait bien ressembler à une espèce de provoca- tion ; et nous nous garderons bien de la faire, dans la crainte que notre intention ne soit mal interprétée.

L'auteur cite ensuite, à l'appui de son opinion, les articles des différens codes, qui ont reconnu et consacré le DROIT de *résistance à l'oppression.*

Ces citations purement historiques ne nous pa- raissent pas pouvoir être considérées comme des provocations à l'insurrection, puisqu'elles ne sont évidemment que des autorités invoquées en faveur d'un principe qu'on veut établir.

Quelqu'énergiques que puissent paraître aujourd'hui les citations que l'auteur s'est permises, on ne peut pas lui dire que ces phrases sont de lui, puisqu'il vous indique le livre et la page où elles se trouvent.

Il faut encore avouer que dire aux hommes : « Vous avez le DROIT de résister à l'oppression », n'est pas leur dire : « Il faut vous lever et résister ». Car on n'est pas obligé d'user du droit que l'on a ; et il reste encore à examiner si l'on a intérêt de réclamer ce droit et d'en user. Il y a même ensuite une autre question singulièrement essentielle à résoudre : celle de savoir si l'on a la possibilité de se procurer l'exercice de ce droit. Ainsi, l'homme qui me dit : *vous avez droit de réclamer ce qui vous est dû*, ne m'apprend rien de nouveau et ne me pousse réellement à rien ; car si le procès qu'il faut soutenir, me coûte plus que la rentrée de mes droits ne me rapporte, je ne bougerai pas. Celui qui me dit d'autre part que j'ai droit de me faire rendre par *Christophe* ou par *Henri* les plantations qui m'appartiennent à *St.-Domingue*, ne me pousse encore à rien ; car les biens que j'ai à St.-Domingue, sont à-peu-près pour moi comme s'ils étaient placés dans la lune. Ainsi, poser en principe les *droits de l'homme*, n'est pas même inviter à en user. Si quelqu'un s'était avisé de les violer, il pourrait bien voir, dans cette exposition, une espèce de reproche désagréable ; mais à qui pourrait-il faire un crime de ce reproche, s'il était fondé ?

L'intention constamment manifestée dans tout l'article que nous examinons, de ne repousser l'*oppression* que par la loi, est écrite en toutes lettres dans une note qui eût dû frapper le magistrat. Après avoir cité l'art. 24 de la première charte conventionnelle, ainsi conçu : » Que tout individu qui usurperait la souve- » raineté, soit à l'instant mis à mort par les hommes » libres » ; l'auteur justement effrayé de l'abus que l'ignorance pourrait faire de cette farouche provocation au tyrannicide, s'écrie à l'instant : (*voyez sa*

Note) « Il fallait donc une loi qui spécifiât à quel
» signe on reconnaîtrait que tel individu aurait usurpé
» la souveraineté. »

Nous sommes fâchés qu'il ait ajouté : « On aurait
» pu dire, par exemple, que celui-là serait regardé
» comme usurpateur de la souveraineté, qui, chargé
» de faire observer le pacte social, l'aurait au con-
» traire violé dans ses principales dispositions, au-
» rait privé le peuple de ses droits les plus chers,
» aurait demandé en propres termes, *un pouvoir ar-
» bitraire, discrétionnaire,* ou *des lois de con-
» fiance* »................

Il y a, dans ce paragraphe, quelque chose de lou-
che, d'équivoque ou d'insignifiant, qui laisse le lec-
teur indécis et embarrassé ; mais nous voyons avec
plaisir l'écrivain rentrer dans les vrais principes de
justice, en terminant sa note par ces mots remarqua-
bles :

» Encore eût-il fallu dire quel tribunal eût déclaré
» cela constant ; car aucun homme libre ne doit faire
» les fonctions de bourreau. »

On voit donc que, malgré l'impropriété ou l'in-
signifiance de quelques expressions, sa haine contre
les mesures violentes perce à chaque ligne.

L'écrivain prétend que l'auguste auteur de la charte,
qui fait aujourd'hui l'espoir et la sollicitude de toute la
nation, a lui-même consacré le DROIT de *résistance
à l'oppression* ; et il cite, à l'appui de son assertion,

l'article 4 de la loi du 15 mars 1815 , dont la teneur
suit :

» Le dépôt de la charte constitutionnelle et de la
» liberté publique est confié à la fidélité et au cou-
» rage de l'armée , des gardes nationales et de tous
» les citoyens. »

- Il entreprend de corroborer encore cette assertion , par cet extrait de la proclamation que S. M a
adressée à l'armée , le 12 mars 1815 :

» Braves soldats, défendez la liberté publique qu'on
» attaque , la charte constitutionnelle qu'on veut dé-
» truire ; défendez vos femmes, vos pères, vos en-
» fans , vos propriétés, contre la tyrannie qui les me-
» nace. L'ennemi public croit détruire cette charte
» constitutionnelle que je vous ai donnée , cette charte
» mon plus beau titre aux yeux de la postérité, cette
» charte que tous les Français chérissent et que je
» jure ici de maintenir. Rallions-nous donc autour
» d'elle ; qu'elle soit notre étendard sacré. Les des-
» cendans de Henri IV s'y rangeront les premiers ;
» ils seront suivis de tous les bons Français. »......

La fermeté avec laquelle S. M. s'est prononcée en
toute occasion pour le maintien de la charte, paraît
ici avoir fait illusion à l'auteur. Il n'a pas remarqué que
la loi et les proclamations qu'il cite, ont paru dans un
moment d'extrême danger. Il n'a pas réfléchi que
c'était contre l'usurpateur que l'armée, les gardes nationales et tous les citoyens étaient appelés à défendre la

charte menacée; il n'a pas vu que l'usurpateur seul était désigné par ces mots : *L'ennemi public*, etc..... Un peu d'attention à la date lui aurait épargné la peine de faire toutes ces citations, qui ne peuvent plus être appliquées au cas présent.

Au reste, l'auteur a peut-être pensé que les principes et la volonté de S. M. n'ayant pas pu changer en ce qui regarde la charte, et l'attachement que la nation lui porte, cet appel au courage de l'armée, des gardes nationales et de tous les citoyens, s'appliquait à tous les cas, à tous les momens où l'acte constitutionnel serait attaqué, entamé ou suspendu par un ennemi quelconque. Peut-être son zèle l'a-t-il porté à appliquer le titre d'*ennemi public* à quiconque essaierait de violer le pacte social ; peut-être exalté, (comme il paraît l'être) pour le maintien d'un bien que nous devons à Sa Majesté elle-même, aura-t-il laissé égarer et planer ses soupçons sur des hommes qu'il devait respecter. Nous verrions en cela une erreur déplorable, une injustice manifeste; mais (nous sommes obligés d'en convenir) tout cela n'établirait pas un crime, à notre avis; car tout cela est d'abord fort douteux ; et l'injustice de l'esprit ne peut jamais constituer qu'une erreur.

L'écrit que nous examinons, a jusqu'ici essayé d'établir que la *résistance à l'oppression* est un DROIT; L'auteur annonce que c'est son avis ; il prononce que ça été l'opinion des législateurs qui ont voulu, à diverses époques, nous donner une constitution ; il pense ensuite que le Roi a eu la même opinion et la même volonté ; non-seulement cela n'est pas invraisemblable ; mais les citations faites et tirées dês préambules d'ordonnances, des discours et des proclamations de S. M., nous auraient fourni la même idée, si , plus attentifs que l'auteur, nous n'eussions pas jugé, à la date de ces pièces , que le prince n'avait voulu désigner que le cas et la circonstance où l'usurpateur du trône menaçait la famille royale des nouveaux malheurs qui sont venus écraser la France. Nous ne voyons donc rien jusqu'à présent qui ait pu ou dû alarmer M. le procureur-général.

Le second point est plus sérieux.

Dans cette seconde partie, l'écrivain établit que les ministres sont en révolte ouverte contre la charte et contre la volonté du prince; il pense et ose avancer que cet état de choses est un état d'*oppression*. Nous nous garderons bien (comme on peut l'imaginer) de répandre ni de partager cette opinion ; nous nous bornerons à examiner si cette assertion est un crime, et si elle provoque à l'insurrection.

Voyons d'abord s'il est vrai que les ministres soient en révolte contre la charte. Nous ne le croyons pas. Les ministres ont si bien respecté la charte, qu'ils n'y ont touché qu'après en avoir demandé, au nom du Roi, une permission qui a été accordée par les chambres, à la majorité de plusieurs boules. La majorité, c'est la loi. Les deux lois obtenues par les ministres ne sont que des suspensions temporaires de quelques articles de la charte ; ces articles nous seront restitués au premier jour ; et il est bien évident que l'on a reconnu nos droits, puisqu'on a demandé qu'ils fussent suspendus.

Il n'est pas plus prouvé que les ministres soient en révolte contre la volonté du Roi. Les rapprochemens faits par l'auteur entre les nombreuses promesses de S. M. de faire observer *à jamais* la charte, et les demandes faites par les ministres d'y déroger pour quelque temps, ont bien pu opérer, dans l'esprit de l'auteur, une certaine surprise, et même éveiller quelques soupçons ; mais sa logique tombe en défaut, lorsqu'il tire une conséquence absolue, d'antécédens qui peuvent être modifiés de mille manières, par ceux qui ont connu alors et aujourd'hui les véritables intentions du prince. Ce qu'il y a de constant, c'est que l'auteur a fait un mauvais raisonnement. A-t-il pour cela provoqué la révolte et l'insurrection ? nous ne le croyons pas.

Nous observerons d'abord que les ministres sont déclarés responsables, par un article spécial de la charte, lequel article n'est pas encore suspendu.

Tant que cet article subsiste, chacun a le droit, non-seulement de blâmer, non-seulement d'accuser les ministres des torts qu'il leur trouve, mais encore de se tromper sur leur compte, au risque de se faire moquer de lui et de passer pour un mauvais raisonneur.

Les torts que l'on peut opposer aux ministres , résultent des faits qu'on leur reproche, ou de l'ensemble de leur conduite.

Si quelqu'un accuse un ministre d'un fait qui serait coupable s'il était vrai, mais qui n'est pas prouvé,
il existe des lois contre la calomnie; il ne faut pas que
les ministres dédaignent les armes que la loi a mises
entre les mains de tous, et attirent à leur propre tribunal les causes dans lesquelles ils sont partie.

Si, au contraire, un citoyen rappelant des faits
notoires et incontestés, en tire la conséquence que
le pacte social est violé : la conséquence est vraie ou
fausse. Dans le premier cas, de quoi se plaindrait
l'auteur des faits? dans le second , l'auteur du raisonnement est reconnu pour un homme absurde.

Supposons à présent que les faits allégués contre
des ministres soient avoués par eux-mêmes, et que ces
messieurs ne fassent que nier la conséquence que leur
adversaire en tire : c'est l'opinion des juges compé-
tens, du public , par exemple, qui doit décider qui a
tort ou raison.

Mais, par malheur, chacun se croit l'organe de l'o-
pinion publique, et prétend avoir la majorité de son
côté. Dans le cas actuel, les ministres disent ou peuvent
dire : « L'affaire a été mise aux voix, nous avons dix
» boules (plus ou moins) en notre faveur. Ces dix
» boules font la loi : respect à la loi ! » Le plaignant
répond : « Mais ces dix boules (plus ou moins) sont

» vos boules; elles ne prouvent que votre avis, et non
» pas que vous ayez une véritable majorité. Je pré-
» tends au contraire, que le nombre de ceux qui vous
» accusent, est à la masse entière comme vingt-neuf est
» à trente; je prétends en outre, que cet état de choses
» constitue ce que j'appelle *oppression*; et c'est pour
» en fournir la preuve, que je demande une loi qui
» constate d'abord s'il y a ou non *oppression*, et
» détermine comment je pourrai lui résister légale-
» ment, sans insurrection et sans trouble. »

Il n'entre pas dans notre plan, de relever tous les
vices de ce raisonnement. C'est le citoyen et non pas
le logicien que nous défendons. Nous croyons à la
bonne foi de l'écrivain, sans approuver les écarts de
son zèle. Tout ce que nous ne craignons pas de dire,
c'est qu'il n'y a pas, dans tout l'écrit, un mot qui provoque à la désobéissance à la loi, ni à l'insurrection,
comme nous l'entendons dire par quelques per-
sonnes.

Des plaintes nombreuses, réitérées et exprimées
en termes énergiques, contre les ministres et leur
conduite, ne sont pas pour cela des provocations
à l'insurrection; autrement il aurait fallu défendre
aux citoyens de se plaindre, au lieu de les y autori-
ser, en proclamant que les ministres sont responsables.

En vain dira-t-on que ces plaintes réitérées atta-
quent leur considération et nuisent au respect dont ils

ont besoin ; nous croyons que raisonner ainsi, c'est tourner dans un cercle vicieux. L'erreur vient de ce qu'on ne veut pas voir que c'est à la loi qu'est dû le respect que les ministres réclament pour leur personne ; et que, tant que ces messieurs se tiennent dans la loi, ils sont généralement respectés. Personne ne se plaint d'eux, qu'il ne les accuse de manquer à la loi ; ils ne sont touchés en leur personne, que parce qu'ils ont abandonné leur armure. Il arrive même souvent que des ministres sont accusés avec raison par des écrivains, et défendus par un plus grand nombre d'autres écrivains à leurs gages ou à leur dévotion. Laisser la liberté de louer, défendre de blâmer, serait constituer un genre d'inviolabilité, qui n'est pas dans nos institutions.

On ne mettrait pas sans doute en jugement, un homme qui dirait qu'un ministre est ignorant. Cependant cette allégation nuit à sa considération ; et si elle se trouvait répétée tous les jours et en beaucoup d'endroits à la fois, il perdrait peut-être l'estime à laquelle il croirait avoir droit ; mais personne ne serait assez fou, pour ne pas respecter les actes légaux qui émaneraient de son autorité. On peut donc l'accuser d'ignorance, sans attenter à l'ordre public ; on peut lui reprocher ses écarts, s'il sort du cercle que la loi lui a tracé ; et si une force majeure oblige à souffrir les dommages qui résultent de ses entreprises, on peut dire que l'on est *opprimé*, sans que cette expression soit une provocation à la révolte et à la sédition : car si les faits que l'on reproche, ne sont pas vrais; si l'oppression n'est pas vraiment générale, le public ne s'émeut pas sur la plainte, ni même sur les cris de quelques êtres isolés et de mauvaise humeur.

Il est très-vrai que, s'il arrivait que les plaintes fussent fondées, que l'indignation fût généralement sentie, que la grande majorité se trouvât réellement *opprimée*, les cris des plaignans menaceraient en effet, non pas la tranquillité publique, mais celle des ministres. Ces cris auraient l'inconvénient d'avertir l'autorité suprême qu'elle est trompée : et, comme on a vu plus de ministres prévariquer, que de nations se plaindre en masse de ministres bons et honnêtes, des plaintes trop multipliées et appuyées sur des faits qui seraient notoires et publics, deviendraient extrêmement fâcheuses. Les mesures qu'en pareil cas des ministres prévaricateurs prennent pour faire taire, ne prouvent pas qu'ils sont innocens, mais qu'ils ne veulent pas être appelés coupables. En vain diront-ils que les plaignans s'exposent à produire des troubles; ce sont évidemment eux qui les auraient provoqués, et non pas les plaintes qui alors sont de droit. Tout ceci est, comme on voit, très-étranger à notre position actuelle et aux circonstances où nous nous trouvons ; mais il ne serait pas sage d'attendre que le cas fût arrivé, pour réclamer des principes qui sont toujours mieux entendus dans les temps calmes.

De tout ce qui précède, il résulte ,

1.º que si l'auteur de l'écrit que nous examinons a été de bonne foi, il a eu droit de dire ce qu'il a cru vrai ;

2.º que si les faits qu'il a cités sont vrais , les conséquences qu'il en a tirées seront jugées par le public, à qui les écrivains ministériels feront aussi connaître les raisons de leur parti ;

3.º qu'en aucun cas , l'émission d'une opinion ne peut provoquer à la révolte ;

4.º que MM. les procureurs du roi compromettraient plus l'autorité qu'ils ne la serviraient, s'ils entreprenaient de créer en faveur des ministres dont ils sont les agens , cette espèce d'inviolabilité que le silence des *opprimés* ne rendrait guère plus solide.

Il nous reste à dire un mot sur l'article 3 qui propose de s'adresser au corps législatif, par la voie de pétitions individuelles, et de l'inviter à solliciter une loi qui établisse un moyen de rendre l'exercice du DROIT de *résistance à l'oppression*, légal et efficace.

Il faut que l'organisation légale du DROIT dont on réclame l'exercice, soit bien déplaisante à M. le procureur du roi , pour qu'il ait pu se décider à caractériser de *provocation à la révolte*, une demande qui tend évidemment à rendre la révolte inutile et sans objet. En vérité, il ne suffit pas, pour qu'un écrit soit criminel, que l'on puisse y relever les mots de *sédition*, d'*oppression*, de *révolte* , d'*insurrection*, de *résistance*, etc., etc.; car tous ces mots se trouvent dans le

Dictionnaire de l'Académie, qui est très-sage et très-constitutionnel ; il faudrait encore que ces expressions fussent précédées et suivies d'autres mots qui présentassent un sens, ou une proposition défendue par la loi. Ne cherchons donc pas de crime où il n'y en a pas ; et surtout évitons de prendre, dans les poursuites judiciaires, ce qui blesse nos petites passions, pour ce qui blesse le bon ordre et la loi.

Au reste, après avoir essayé d'établir que l'auteur de l'écrit intitulé : *De la nécessité d'organiser le* DROIT *de résistance à l'oppression et d'en rendre l'exercice légal et efficace* (article extrait des APERÇUS HISTORIQUES, saisis par M. le procureur du roi), n'a point provoqué à la révolte, comme il en est accusé ; après avoir reconnu qu'il a pu se tromper dans la manière dont il a envisagé les actes et la conduite de nos ministres, et que vraisemblablement il n'y a eu non plus que de l'erreur dans les termes dont le ministère public a caractérisé la brochure qu'il poursuit ; après avoir rempli, en conscience, ce ministère de justice conciliatoire : qu'il nous soit permis d'émettre un vœu qui, aux discussions si animées, qui divisent la société, ferait succéder, d'un bout de la France à l'autre, une joie franche et générale, changerait l'espèce d'inquiétude, dont quelques ministres très-bien intentionnés ont pu être l'objet, en un concert d'immortels éloges, et répandrait, dans toutes les classes, cette confiance dont l'absence paralise tout,

rend ennemis des gens qui font tout ce qu'ils peuvent pour s'estimer, et qui y réussiraient sans doute,
si. . . . .
. . . .

Mais qui sommes-nous, pour prendre ici l'initiative
d'une proposition que je vois déjà sur les lèvres de
celui de nos ministres que l'on a attaqué avec le plus
d'acharnement ?.......

Non, ne lui ravissons pas le mérite d'une idée qui
est de lui, qu'il nous a communiquée et qu'il déve-
loppera lui-même à la tribune nationale, avec ce talent
qui lui a déjà valu tant de succès. Voici, sinon les
termes, du moins le sens du discours qu'il prononcera
incessamment à la chambre des députés.

« Messieurs,

» Le malentendu qui nous divise et trouble notre
» beau pays, a duré trop long-temps. Il doit cesser.
« Le rapprochement que nous proposons sera facile,
« si nos dispositions vous sont aussi agréables qu'elles
» sont sincères. Nous ne vous sommes pas assez con-
» nus ; vous allez savoir si nous sommes dignes de la
» confiance du prince qui, en vous donnant la charte,
» a voulu assurer la prospérité publique. Demain,
» nous aurons rendu à S. M. le dépôt de l'autorité
» qu'elle nous a confiée, ou nous aurons obtenu de sa

» bonté, l'ordre de vous présenter un projet de loi
» ainsi conçu :

ART. 1er. Les lois d'exception sont rapportées.

La liberté individuelle et celle de la presse
existeront *à jamais* telles qu'elles sont consa-
crées par la charte.

ART. 2. La loi du 5 février 1817 sur les élec-
tions et celle du 10 mars 1818 sur le mode
de recrutement de l'armée, et sur l'avancement,
sont lois fondamentales de l'État.

ART. 3. Tout ministre qui, à l'avenir, et avant
qu'il y ait de loi adoptée sur le mode de reviser
la charte, aurait proposé aux Chambres de mo-
difier, suspendre ou abroger, soit un article de
cette charte, soit une loi déclarée *fondamentale*,
est coupable de trahison. L'orateur qui aura ap-
puyé ou développé, le président qui aura mis
aux voix une telle proposition, seront considérés
et poursuivis comme complices.

ART. 4. Les ministres et tous fonctionnaires
publics sont responsables, envers l'État, de tous
les délits quelconques commis dans l'exercice de
leurs fonctions , et envers les particuliers, des
torts qu'ils leur auront causés en s'écartant des
lois.

ART. 5. Il sera présenté, dans le cours de la session actuelle, des lois organisatrices du jury, de l'administration municipale et départementale, de la garde nationale, de l'instruction publique, etc. Ces lois seront rédigées dans l'esprit libéral qui a dicté la charte.

ART. 6. Quand la majorité qui prononcera sur un projet de loi, sera évidemment déterminée par les boules et les votes des ministres ou de leurs agens révocables, le projet de loi sera retiré et ne pourra être présenté qu'au bout d'un an.

A PARIS, de l'Imprimerie d'ABEL LANOE,